Green Wedding Pirates

Die ultimative Bucket List für Paare

Das 2-in-1 Buch

Die ultimative Bucket List für Paare

200 Dinge, die ein Paar zusammen erlebt haben muss

Verliebt. Verlobt. FAIRheiratet

Green Wedding Pirates

Inhaltsverzeichnis

Einleitung	9
Kulinarische Highlights	18
Sorge für den besonderen Moment	26
Reisen und kleine Ausflüge	33
Sportliche Liebe will geteilt werden	43
Gemeinsame Stunden	49
Kreative Gedanken	57
Musik macht nicht nur gute Laune	63
Basteln, Malen und „do it yourself“	69
Lesen und Schreiben verbindet Paare	75
Durchatmen	80
Witzige Events	88
Erlebnisse	96
Wellness pur	102
Do it yourself (DIY)	109

Kunst und Kultur	115
Lust und Leidenschaft	120
Besonderheiten im Alltag	126
Natur verbindet	133
Gemeinsam fit	139
Rätsel und Spiele	145
Bonus-Tipp	151
Fazit	153
Haftungsausschluss	159
Impressum	161

Einleitung

Ihr seid ein sehr verliebtes Pärchen?

Es gibt zahlreiche Dinge, die Paare miteinander erleben sollten. Das verbindet und schenkt Eurer Beziehung das „besondere Etwas“! Genießt gemeinsame Rituale, die Euch persönlich als Team ausmachen.

Kennst Du folgendes Zitat von Stefan Zweig? Es lautet wie folgt:

„Schach ist wie Liebe – alleine macht es weniger Spaß!“

Gemeinsam Dinge zu erschaffen, kreativ zu sein und sich nach Herzenslust gegenseitig gut zu tun ist ein wichtiges Element für das „feeling good“ Eurer Liebe.

Aus diesem Grunde ist dieses Buch ein Nachschlagewerk für alle Leute, die den Zustand der Liebe möglichst für lange Zeit aufrecht erhalten möchten. Das Buch ist von der Praxis für die Praxis geschrieben.

Die Bucket List enthält zahlreiche Ideen, die Ihr als Paar gemeinsam lesen und ausprobieren dürft. Nach dem Motto

„learning by doing“ findet Ihr so heraus, welche Möglichkeiten zu euch passen.

Fest steht allemal: Eure Liebe zueinander ist es Wert, dass Ihr jeden Tag aufs Neue „Ja“ zueinander sagt. Genießt jeden Moment Eurer Liebe. Lacht und weint zusammen. Powert euch aus und probiert viele Möglichkeiten aus, die Euch zusammen-schweißen. Das sollte Euch persönlich eine tiefe Herzensangelegenheit sein. Liebe und eine Beziehung sind nicht nur ein klein wenig „schöne Arbeit“, sondern auch eine wunderschöne Sache, die es jeden Tag neu zu entdecken gibt.

Feiert als Paar jeden Tag Eure Liebe. Schon jetzt wünsche ich Euch beim Lesen und Ausprobieren der zahlreichen Ideen und Tipps: Viel Freude und Spaß! Weckt als Paar das Potential in Euch, das schlummert und nur entdeckt werden möchte.

1. Warum Du dieses Buch lesen solltest

„Wo Liebe wächst, gedeiht Leben - wo Hass aufkommt droht Untergang“

- Zitat von Mahatma Gandhi -

Liebe ist eine sensible Pflanze, die immer genährt werden muss, damit sie gedeihen kann. Nur dann kannst Du eines Tages die erfolgreiche Ernte einfahren und die Früchte der Liebe ernten. Das bedarf viel Fürsorge, Wachsamkeit und Achtsamkeit gegenüber dem Anderen.

Während viele Paare sich im Streit die Haare fast ausreißen und irgendwann im Gram und Schmerz nahezu zerbrechen, sieht die tatsächliche Liebe, die Ihr Euch als Paar schenken könnt, anders aus. Sie besteht nicht aus Vorwürfen, Streit und Konflikten, die eigentlich umsonst sind. Damit auch Dir wieder einmal bewusst wird, wie sehr Du auf Deinen Schatz zählen kannst, solltest Du immer wieder neu für die Liebe sorgen. Das bedeutet, mit offenen Augen durch den Alltag zu marschieren.

Eine Beziehung ist manchmal vielleicht „ein wenig Arbeit“. Doch diese „Arbeit“ ist keinesfalls mit einem Job gleichzusetzen, mit dem Du Dein Geld verdienst.

Dieses Buch ist also für alle Leserinnen und Leser geeignet, die…

...gemeinsam wieder lernen möchten, wie man lacht und das Leben genießt.

...Spaß haben wollen an neuen kreativen Dingen, die sie im Leben voranbringen.

...mit Power und Energie den Partner neu kennenlernen möchten, egal, wie lange die Beziehung schon besteht.

...die Liebe genießen und nicht an ihr zerbrechen möchten.

...offen für Neues sind, sich gerne von kulinarischen Genüssen verzaubern lassen und den anderen damit überraschen.

...das Thema Nachhaltigkeit befürworten und nach dem Motto von „DIY“ sich der Natur zuwenden.

...mit Leidenschaft ihren Alltag genießen möchten.

...vor dem Gang zum Standesamt täglich „Ja“ sagen.

...sich in der Ehe den Alltag möglichst häufig versüßen lassen möchten.

...sich die Freude mit dem Besten teilen, den sie haben: mit Ihrem Schatz.

An dieser Aufstellung siehst Du: Es lohnt sich, die ultimative Bucket List für Paare zu lesen. Eine Liebe erfordert nicht nur Vertrauen und Beständigkeit, sondern auch jede Menge neuer Gedanken, die es zu entdecken gibt. Während wunderschöne Paar-Fotos ein Leben lang verbinden, wenn Du sie ansiehst, ist es mit gemeinsamen Aktivitäten noch intensiver: Du trägst sie im Herzen.

Erinnere auch Du Dich an Überraschungen, die das Leben erst so richtig lebenswert machen. Freue Dich an Events, die das Band der Liebe zusätzlich festigen. Wer mit kleinen Geschenken dem Partner immer wieder zeigt „Ich liebe Dich“ wird niemals als Paar untergehen.

Das Buch ist also für alle Menschen geeignet, die die schönste Sache der Welt, die Liebe, nicht als Selbstverständlichkeit betrachten.

Herzlich Willkommen in dieser Bucket List, die sich für Jung und Alt und für Frauen und Männer gleichermaßen eignet.

Viel Freude und spannende Momente mit diesem besonderen Ratgeber. Sorge auch Du für kleine Augenblicke und Highlights, die ein Leben lang im Gedächtnis bleiben. Setze ein Statement mit dem Zeichen der Liebe, das alles andere als Mainstream ist.

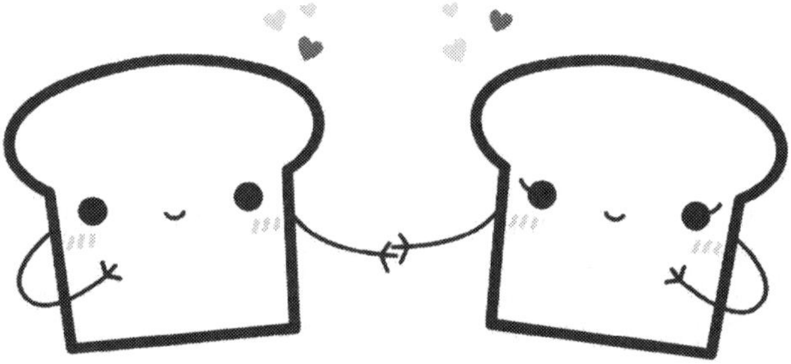

Das sind wir

Klebt ein Foto
von Euch ein!

Kapitel 1

Kulinarische Highlights

– Liebe geht durch den Magen!

1. Backe ein Kuchen-Herz aus den Lieblingsfrüchten Deines Schatzes. Egal, ob Erdbeeren, Ananas oder Birnen: Süße Kuchen und Torten, die mit Liebe gemacht sind, schmecken einfach doppelt so gut als gekaufte Süßwaren.

☐

2. Bereitet zusammen einen Liebes-Drink zu, der nicht unbedingt Alkohol enthalten muss. Zum Beispiel wirken Granatapfel und Vanille aphrodisierend und schmecken einfach hervorragend im Smoothie oder Cocktail. Danach dürft Ihr aus einem Glas den Drink genießen, der mit einer leckeren Zimtnote verfeinert ist.

☐

3. Kocht gemeinsam eine Gemüse-Pfanne und schnippelt mit Karotten, Sellerie, Tomaten, Paprika und Co um die Wette. Wer gewinnt, darf den Tisch decken, während der Verlierer nach dem genüsslichen Gaumenschmaus den Abwasch zu erledigen hat. Spaß, Spiel und feines Essen können somit wunderbar in einem Einklang miteinander verschmelzen.

☐

4. Backt einen riesigen Liebes-Keks aus Knetteig und füllt ihn mit hausgemachter Marmelade. Danach teilt Ihr diesen Keks zu einem besonderen Anlass, wenn zum Beispiel nach einem harten Tag der Moment der Entspannung eingeläutet werden muss. ☐

5. Was spricht dagegen, einen Obstsalat aus selbst gepflückten Beeren, Äpfeln, Trauben oder Pflaumen zuzubereiten? Seid Euch sicher: Wer gemeinsam erntet und kocht, kann dabei oft Freuden und Lachen mit sinnvoller Aktivität verbinden. ☐

6. Macht gemeinsam einen Kochkurs. Dass Liebe durch den Magen geht, könnt Ihr als Paar im Kurs live feststellen. ☐

Green-Wedding-Pirates-Tipp:
Ihr dürft Kochkurse für Verliebte buchen oder speziell ausgerichtete Seminare besuchen. Erlaubt ist was gefällt. Egal, ob vegane, süße oder herzhafte Küche - gleichgültig, ob die Küche aus Asien, Italien oder im Sinne der nachhaltigen Ernährung: Kochen verbindet ganze Nationen. Wir alle brauchen Essen, das uns täglich den gemeinsamen Genuss im Hier und Jetzt schenkt. Damit Du diesen mit Deinem Schatz teilen darfst, sind Koch- und Back-Kurse oftmals ein Geschenk des Himmels.

☐

7. Backt Sonntagsbrötchen für den Partner und versteckt darin kleine Liebesbotschaften. Sicherlich kennst Du die Zettel aus den chinesischen Glückskeksen. Wer möchte, kann auch selbst seine Brötchen mit persönlichen Botschaften für den Schatz backen. Wichtig ist nur, dass Ihr Papier, das aus biologisch unbedenklichen Zusätzen besteht und einen wasserfesten Stift verwendet. Beides darf sich natürlich bei Hitze und Zufuhr von Feuchtigkeit nicht auflösen. So macht der Genuss von Brot und Brötchen noch mehr Spaß.

☐

8. Fermentiertes Gemüse kannst Du wunderbar mit Deinem Liebsten/Deiner Liebsten zubereiten. Dazu bedarf es nur frisches Gemüse wie Kürbis, Kohl, Kohlrabi, Paprikaschoten, Brokkoli und etwas Salz. Das Schneiden dieser vitalen Zutaten in der Gemeinschaft macht nicht nur Spaß, sondern lädt auch zum kalorienarmen Naschen ein. Danach könnt ihr nach Herzenslust gesundes Food schlemmen, das für die Magen- und Darmgesundheit einen wichtigen Beitrag leistet.

☐

9. Wann habt ihr zuletzt eine Quarkspeise selbst zubereitet? Wer sich mit Naturkost auskennt, kann frischen Quark oder Käse aus einer Käserei beziehen oder sogar selbst aus Kuhmilch herstellen. Im Sinne der Nachhaltigkeit: Als Paar feines, gesundes Essen zuzubereiten, steigert die Liebe und Lust gegenüber dem Anderen.

☐

Green-Wedding-Pirates-Tipp:
Auf Berghütten oder in Käsereien gibt es Kurse, bei denen ihr mitmachen könnt. Auch mit Hilfe von Videos (Youtube oder TV-Sendungen) könnt Ihr als Paar lernen, wie man Joghurt, Käse oder andere, feine Molkerei-Produkte selbst herstellt. Erlaubt ist, was Spaß macht und schmeckt.

10. Kennst Du Dich mit Kräutern und Tee aus? Was sagt die moderne Heilküche, die so besondere Naturschätze bietet, die nachhaltig gegen Leiden und Krankheiten helfen? Kräuter, Samen und Schätze aus Österreich oder Deutschland sind mittlerweile nicht nur bei Frauen beliebt. Du kannst gerne mit Deinem Liebling Kräuter sammeln und danach leckere Gaumenfreuden wie Gemüse-Pfannen, Aufläufe, Salate oder Smoothies zubereiten. Schon jetzt wünsche ich Dir: Viel Freude beim Genuss mit der gesunden Kräuter-Küche!

☐

Ideen für Kochabende

THIS OR THAT

ALL ABOUT FOOD

SÜSS	PIKANT
FRÜHSTÜCK	ABENDESSEN
VORSPEISE	DESSERT
PANCAKE	WAFFEL
PIZZA	CALZONE
PASTA	RISOTTO
BIRNE	APFEL
POMMES	REIS
STRUDEL	TORTE

Kapitel 2

Sorge für den besonderen Moment

– mit Wellness pur!

11. Massiert Euch gegenseitig. Sich als Paar zu verwöhnen ist ein Geschenk des Himmels. Eine Rücken- oder Nacken-Massage kann Wunder wirken, nicht nur, wenn es um Verspannungen oder Migräne geht.

☑

Green-Wedding-Pirates-Tipp:
Wer möchte, darf besonders duftendes Massage-Öl aus Arnika oder Lavendel verwendet. Das beruhigt und entspannt, während es herrlich duftet. „Ich kann Dich gut riechen – das ist schließlich ein Motto, das die Liebe beflügelt."

12. Was spricht gegen ein gemeinsames Vollbad mit einem herrlichen Duft aus Rosenblättern, Mandarine oder Limone? Erlaubt ist, was gut tut und beiden gefällt. Zudem könnt Ihr einen gesunden Zusatz wie Natron im Badewasser auflösen. Das entschlackt und macht die Haut weich und zart.

Dieses nachhaltige Naturprodukt findest Du in jeder Apotheke oder Drogerie. Natron ist längst wiederentdeckt und feiert sein Revival. Es ein feines, preiswertes Pulver, das Ihr in Bädern und Kosmetik verwenden dürft.

☐

13. Eine Gesichtsmaske aus Kräutern, Joghurt oder Aloe Vera könnt Ihr Euch als Paar gegenseitig sanft einmassieren. Das macht nicht nur Spaß, sondern ist auch gesund. Somit darfst Du sogar abgelaufene Produkte aus der Küche sinnvoll weiterverwenden.

☐

14. Eine Fußreflexzonen-Massage darf sich jedes Paar gegenseitig schenken.

☐

Green-Wedding-Pirates-Tipp:
Wer mit Akupunktur seine Kenntnisse verfeinern möchte, sollte gemeinsam einen Kurs besuchen. Danach geht es in die Praxis. Eine Massage der zentralen Punkte im Fuß hilft nicht nur gegen Stress, Schlafstörungen oder Migräne, sondern kann auch sehr steigernd für die Liebe sein.

15. Was spricht dagegen, dass Ihr Euch mit einem Peeling oder einer besonderen Körperlotion gegenseitig sanft massiert? Eine prickelnde Dusche mit Peeling kann sehr stimulierend für ein klares Hautbild sorgen. Außerdem macht es Spaß, den Partner zu verwöhnen und seine sanften Massagen auf der Haut während der Körperpflege zu genießen.

☐

16. Seifenschaum-Kur zu Hause auf der Liege gefragt? Nicht nur im teuren Wellness-Hotel ist eine Seifenschaum-Massage belebend für Sinne und Geist. Wer sanfte Duftnoten wie Lavendel oder Sandelholz einatmet, sorgt für entspannende Momente. Das inspiriert die Liebe.

☐

Green-Wedding-Pirates-Tipp:

Wenn Du möchtest, kannst Du Seifen ganz im Sinne von DIY selbst herstellen. Das macht mit dem Partner in der Gemeinsamkeit besonders viel Freude.

17. Saunen und Wechselduschen sind nicht nur gesund für Durchblutung oder Kreislauf, sondern machen auch gute Laune. Wetten, dass dabei viel gelacht wird, wenn Du Dich mit Deinen Partner unerwartet abbraust und überraschst?

☑

18. Wellness-Quiz: Wenn Du möchtest, kannst Du ein Quiz für Deinen Liebsten oder Deine Süße erstellen. Welche Kräuter wirken vitalisierend, welche Lebensmittel dienen als Anti-Aging-Programm? Wer sich bei richtigen Antworten kleine Belohnungen gönnt, kann jede Menge gute Laune im Alltag tanken.

☐

19. „Du trägst die Haare schön" - wer mutig ist, verpasst sich einen neuen Haarschnitt oder sorgt gegenseitig für frische Farbe oder einen neuen Look.

☐

20. Wusstest Du, dass ein Wellness-Wochenende in einem besonderen Hotel nicht unbedingt teuer sein muss? Sehe Dich um nach kurzfristigen Angeboten. Gönne Dir und Deinem Schatz wieder einmal eine kleine Auszeit vom Alltag.

☐

Notizen

für das nächste Wellness-Programm

Kapitel 3

Reisen und kleine Ausflüge

– teile die schönsten Augenblicke des Lebens

21. Unternehmt einen Städte-Tripp in einen Ort der Liebe. Rom, Paris oder Wien bzw. Hamburg? Jeder Mensch verbindet „amore“ mit einer anderen Stadt. Spreche mit Deinem Schatz darüber, wo für ihn das „besondere Etwas“ zu finden ist. ☐

22. Reisen und Ausflüge müssen nicht teuer sind. Gehe in den Wald und in Deine Umgebung. Sammle Blumen oder Tannenzapfen und überlege Dir für jeden Naturschatz, der Dir gefällt, eine kleine Liebeserklärung für Deinen Partner. Erlaubt ist, was ehrlich ist und Achtsamkeit gegenüber dem Anderen zeigt. ☐

23. Wann hast Du zuletzt eine Fahrt mit dem Boot unternommen? ☐

Green-Wedding-Pirates-Tipp:
Rudert gemeinsam in einem Bötchen und habt Spaß dabei. Im Sommer darf ruhig die ein oder andere Wasserratte schwimmen gehen oder ins Wasser geworfen werden...

24. Fahre mit dem Fahrrad in die nächste Stadt und treffe Dich dort mit Deinem Partner. Fahrt gemeinsam zurück, indem Du auf eine lustige Art und Weise Deinen Schatz auf dem Rad mitnimmst oder mit einem kleinen Wagen hinterher ziehst. Das mag albern klingen – macht aber jede Menge Spaß! ☐

25. Was spricht dagegen, eine kleine Bergtour zu unternehmen, bei der Du jede Menge Liebesbotschaften in Deinem Rucksack als kleine Überraschung parat hast? ☐

THIS OR THAT

REISEN & AUSFLÜGE

STADT	LAND
ZUG	FLUGZEUG
BERGE	MEER
BUSREISEN	KREUZFAHRT
AIRBNB	HALBPENSION
RUCKSACK	KOFFER
CAMPING	WOHNWAGEN
ALLEINE	MIT FREUNDE
STAYCATION	LANGSTRECKE

26. Macht eine Tour mit dem Tandem-Rad oder auf dem Roller bzw. Motorrad. Die körperliche Nähe verbindet!

☐

27. Jedes Liebespaar sollte mindestens einmal mit dem Rucksack verreist sein, bevor es sich das endgültige „Ja“ schenkt. Wenn man gemeinsam auch „harte oder wilde Zeiten“ im Zelt und beim Treck in der freien Natur verbringt, verbindet sich die Liebe intensiver denn je.

☐

28. Reisen macht dann Spaß, wenn Du mit Deinem Liebling einen langen Flug überstehst. Wenn es in die Ferne geht, bleibt der ein oder andere Jetlag nicht aus. Danach könnt Ihr Euch gegenseitig motivieren dazu, wach zu bleiben und dem Schatz einen Kaffee ans Bett bringen, wenn er aufstehen muss.

☐

Green-Wedding-Pirates-Tipp:

Wer möchte, kann vor einer Fernreise mit dem Liebsten oder der Partnerin gerne einen Sprachkurs besuchen. Alles, was Spaß macht, ist erlaubt. Fragt euch gegenseitig bei den Vokabeln ab und genießt viele Lach-Momente dabei.

29. Ein Picknick ins Grüne – inspiriert das nicht ungemein? Egal, ob zu Fuß, im Rahmen einer Schnitzeljagd oder mit dem Rad: Packe viele kleine, kulinarische Genüsse in den Korb. Du darfst Wurst oder den Muffin außerdem mit kleinen Liebesbotschaften versehen, damit Du Deinem Schatz sagst: „Ich liebe Dich!“

☐

30. Reisen machen dann Freude, wenn man gemeinsam Land und Leute kennenlernt. Achte darauf, dass Du, wenn Du mit Deinem Liebling unterwegs bist, nicht nur in Hotels übernachtest. Sei offen für die Bewohner im Lande. Geht gemeinsam in tropischen Ländern Früchte pflücken mit Einheimischen. Wetten, hier wird jede Menge gelacht, wenn Pfirsiche genascht oder gar auf der Straße verkauft werden? Erlaubt ist, was Spaß macht.

☐

Green-Wedding-Pirates-Tipp:

Wenn Du magst, spiele ein kleines Spiel mit Deinem Schatz. Wer das erste Stück selbst gepflücktes Obst auf der Straße verkauft hat, hat gewonnen. Als Belohnung darf Dich Dein Partner zu einem Eis einladen.

Unser nächster Ausflug:

Unsere nächste Reise

Notizen

Kapitel 4

Sportliche Liebe will geteilt werden

– werdet gemeinsam fit!

31. Kennst Du das Power-Training Tabata, das in Intervallen stattfindet? Dieser Workout verbrennt nicht nur effektiv Kalorien, sondern macht auch im Team besonders viel Spaß. Wem das zu anstrengend ist, darf gerne dem Partner beim Training motivieren und anfeuern.

☐

32. Eine Schnitzeljagd ist nicht nur das richtige Event für Kinder und Teenies. Führe das witzige Suchspiel mit Deinem Schatz durch. Verstecke Liebesbotschaften im Wald, die er finden muss, inspiriert durch die Leidenschaft. Danach dürft Ihr Euch zur Belohnung ein feines Dinner bei Kerzenschein gönnen.

☐

33. Lasst die Luftballons gemeinsam steigen und versucht, ihnen hinterher zu springen. Das macht nicht nur Spaß, sondern fördert auch die Bein- und Beckenmuskulatur.

☐

34. Wann hast Du zuletzt mit Deinem Partner im Wald einen ausgiebigen Spaziergang unternommen? Atmet tief in der Luft ein und aus. Das befreit und schenkt Euch schlagartig frische Power. Damit fördert Ihr nicht nur die Blutzirkulation, sondern steigert auch das „feel good“, was der seelischen Ausgeglichenheit dient. Das hilft gegen Stress und jede Art von Hektik im Alltag.

☐

Green-Wedding-Pirates-Tipp:

Spaziergänge in der freien Natur sind eine hervorragenden Möglichkeit dazu, Diskussionen zu führen. Wer sich immer wieder vornimmt, als Paar auf neutralem Platz (und nicht in den eigenen vier Wänden) zu sprechen, kann eine offene Kommunikations-Kultur (hervorragend für die Streit-Kultur) beweisen.

35. Zeige beim Badminton oder Squash mit dem Partner, wer die „Hosen in eurer Beziehung“ anhat. Der Verlierer darf dem Sieger gerne eine kleine Freude (Kino- oder Konzertbesuch) spendieren.

☐

36. Egal, ob Seilspringen oder ein Training mit Hanteln: Sport macht dann Freude, wenn man sich gemeinsam auspowert. Außerdem könnt Ihr gerne Partner-Übungen durchführen, bei denen jeder nicht unter- oder überfordert ist. Hauptsache, der „Funfaktor" stimmt! ☐

37. Wann habt Ihr zuletzt ein Wettschwimmen mit kleinen Tauch-Übungen organisiert? Hier ist es nicht nötig, einen eigenen Pool zu haben. Gönnt Euch im Sommer ruhig auch einen lustigen Wettbewerb am See, indem Ihr zu Zeiten badet, an denen nicht jeder unterwegs ist... ☐

38. Sportelt ruhig auf dem Balkon zu Hause als regelmäßiges Ritual. Wenn Ihr gemeinsam voller Power in den Tag startet, schmeckt der Smoothie oder Kaffee im Anschluss doppelt zu gut. Jeden Tag solltet ihr mindestens 10 Minuten Zeit füreinander bei sportlicher Aktivität finden. ☐

39. Wer Kinder hat, darf sich gerne beim Fußball im Garten gemeinsam austoben. Ballsport macht nicht nur Spaß, sondern fördert auch die Fähigkeit zur Konzentration. Egal, ob Fuß- oder Handball: Die Achtsamkeit und Fürsorge gegenüber dem Partner müssen stets an erster Stelle stehen.

Green-Wedding-Pirates-Tipp:

Wenn Mann und Frau gemeinsam sporteln, können sich natürlich Freude und Familie immer dazugesellen. Wichtig ist, dass es mit Humor einhergeht und nicht so wichtig ist, wer das Siegestor schießt.

☐

40. Lacht gemeinsam beim Schrittezählen oder auf dem Laufband bzw. dem Hometrainer. Wer gemeinsam walkt oder im Tandem unterwegs ist, kann immer einmal einen kleinen Rollentausch vornehmen. Zum Beispiel darf sich einer der Partner um die Orientierung bemühen, während der andere auf die sportliche Aktivität und Verbrennung achtet. Hauptsache ist, ihr habt Spaß beim Workout!

☐

Workout Ideen

Kapitel 5

Gemeinsame Stunden

– mit Leidenschaft und Herzenslust!

THIS OR THAT

SELFCARE

POWER-NAP	FRÜH ZU BETT
FREUNDE	FAMILIE
MEDITATION	ATEMÜBUNG
SPAZIEREN	JOGGEN
LESEN	HÖRBUCH
BADEWANNE	DUSCHE
TEE	KAFFEE
KERZEN	KAMIN
MUSIK	RUHE

41. Gönnt Euch sinnliche Stunden mit einer Massage nach Tantra.

☐

42. Genießt feine Speisen, die die Lust anregen, das heißt, die aphrodisierend sind. Das sind Austern, Schokolade, frische Artischocken und Chilischoten. Bitte aufpassen: Nicht alles gemeinsam essen.

☐

43. Leidenschaft entsteht dann, wenn sich jeder für den Partner besonders hübsch macht. Egal, ob schicke Dessous oder ein sexy Hemd: Achte darauf, dass Du attraktiv und sexy aussiehst, was die Lust aufeinander jeden Tag aufs Neue fördern wird.

☐

44. Leidenschaft entsteht dann, wenn Du ein besonderes Parfum verwendest. Außerdem kann ein betörender Duft im Raum wahre Wunder für die Sinne bewirken.

☐

45. Was spricht dagegen, einmal etwas völlig neues auszuprobieren? Verführe Deinen Partner unter der Dusche. Überrasche ihn im Fahrstuhl oder während der Arbeit. Erlaubt ist, was Spaß macht und ruhig ein klein wenig verrucht wirken darf.

☐

46. Verführung hat mit wunderschönen Worten zu tun. Schreibe Deinem Schatz, was Du besonders sinnlich an ihm empfindest.

☐

Green-Wedding-Pirates-Tipp:
Gerne kannst Du ab und an eine verführerische WhatsApp-Nachricht oder eine Mail schreiben. Zeige, wie begehrenswert Du Deinen Partner findest.

47. Ein Bild sagt oft mehr als 1.000 Worte. Deshalb sind sinnliche Fotos durchaus gewollt und erlaubt. Allerdings sollte hierfür eine gute Vertrauensbasis vorhanden sein. Schließlich sind öffentliche Posts oft an der Tagesordnung, wenn die Beziehung in die Brüche geht. Vorsicht ist also die Mutter der Porzellankiste, wenn es um verführerische Fotos geht.

☐

48. Leidenschaft bedeutet, sich ab und an die besondere Auszeit zu gönnen. Gehe mit Deinem Schatz immer wieder an neue Orte, um eine andere Art von Leidenschaft zu entdecken. Das macht Spaß und weckt die Sinnlichkeit.

☐

49. Massagen, die unter die Haut gehen (zum Beispiel mit besonderen Ölen) gibt es nicht nur beim Tantra oder Kamasutra. Ein betörendes Öl darf deshalb auch nicht bei kurzfristigen Ausflügen fehlen, die ein Leben lang im Gedächtnis bleiben sollen...

☐

50. Spreche mit Deinem/Deiner PartnerIn immer wieder, welche Sphären der Leidenschaft Dir wichtig sind. Das hilft, sich immer wieder aufs Neue auf spannende Momente der Lust und Liebe einzustimmen.

☐

Notizen

zu unseren gemeinsamen Stunden

FÜR DICH MACHE
ICH EINE PAUSE!

Kapitel 6

Kreative Gedanken

– Wie Du kreative Gedanken teilen kannst!

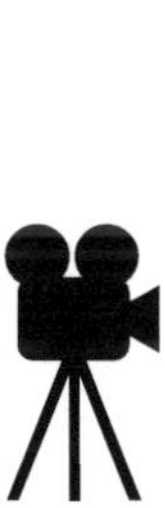

51. Schreibe für Deinen Schatz ein Gedicht. Es gibt zahlreiche Dinge, warum Du genau ihn heiraten möchtest, oder? ☐

52. Male Dir eine Traumszene aus, die Du unbedingt an der Hochzeit erleben möchtest. Daraus kreierst Du mit Deinem Partner ein Bild, das ihr immer wieder gemeinsam weiter malt. ☐

53. Hast Du schon nach dem Motto „DIY“ für die Liebe mit Deinem Partner ein Geschenk mit einem Foto von Euch gebastelt? Du darfst zum Beispiel ein Foto auf eine Serviette bügeln, die Du ihm als Überraschung bei der nächsten Mahlzeit einfach auf den Tisch legst. Das zeigt die Liebe auf einzigartige Weise. ☐

54. Schreibe eine Liebesbotschaft an den Spiegel im Badezimmer. Verwende hierzu ruhig einen Lippenstift. Über diese Geste am Morgen freut sich jeder. Wetten…dass?

☐

55. Schreibt zusammen ein Buch. Darin darf jeder seine besonderen Wünsche kreieren und das hineinschreiben, was ihm eine tiefe Herzensangelegenheit ist.

☐

Green-Wedding-Pirates-Tipp:

Das Buch dürft Ihr immer wieder zusammen lesen und aus den darin vorgestellten Wünschen das Maximale Eurer Phantasie ziehen…

56. Kennst Du Arbeiten mit Ton oder die Steinhauerei? Zugegeben: Diese Form der Kunst ist nicht Jedermanns Sache. Dennoch kannst Du hier zum Beispiel eine Blume oder ein Herz kreieren und Deinem Schatz schenken. Selbstgemacht ist doch immer noch am besten – egal, wie das Ergebnis aussieht.

☐

57. Verstecke kleine Liebesbotschaften, die Du auf einen Zettel schreibst, im Kleiderschrank. Dein Partner wird sich bestimmt über jede noch so kleine Geste sehr freuen!

☐

58. Schreibe 10 Gründe auf, warum Du Deinen Schatz liebst. Wenn Dir noch mehr einfallen, umso besser. Alles ist erlaubt, was Liebe zeigt. Schreibe die Stärken des Lieblings in ein Tagebuch, das Du dem Partner zu einem besonderen Anlass schenkst.

☐

59. Bastle mit Deinem Schatz gemeinsam einen Drachen, den Ihr im Herbst zusammen steigen lasst. Egal, wie das Wetter auch sein mag: Lacht gemeinsam bei diesem kleinen Ausflug.

☐

60. Pflanze einen kleinen Liebesbaum (Bonsai) mit Deinem Schatz ein. Zu einem besonderen Moment darfst Du diesen mit kleinen Botschaften versehen. Das kann zum Beispiel erfolgen, indem Du Liebesbotschaften mit kleinen Klammern an den Bonsai heftest und sie Deinem Partner finden lässt.

☐

Ideen für Liebesbotschaften:

Du machst mich stolz, jeden Tag.

Ich liebe es, dass ich mit dir zusammen alt werden will.

Ich liebe dein Lächeln.

Die Erde braucht Regen. Die Sonne braucht Licht. Der Himmel braucht Sterne und ich brauche dich!

Wenn ich eine Taube wäre, würde ich Dir die allerschönsten Liebesbriefe vorbeibringen.

Danke, dass du immer mein Regenbogen nach dem Sturm bist.

Kapitel 7

Musik macht nicht nur gute Laune

– sondern drückt auch Liebe aus!

61. Schreibe einen Song für Deinen Schatz. ☐

62. Singe unter der Dusche mit Deinem Liebsten gemeinsam witzige Lieder, während ihr euch gegenseitig nass spritzt. Wichtig ist: Lacht beim Singen um die Wette! ☐

63. Dichte den Lieblingssong Deines Lieblings einfach mit Worten Deiner Wahl um. Du kannst darin zum Beispiel die Gründe hineinpacken, warum Du genau Deinen Partner heiraten möchtest. ☐

Green-Wedding-Pirates-Tipp:
Hier geht es nicht um Perfektion, sondern um die liebevolle Geste.

64. Stelle ein Notenblatt zusammen. Die Noten für das Lieblingslied oder „Euren persönlichen Song“ findest Du meist schnell im Internet. Danach klebst Du in ein paar Noten einfach ein schönes Foto von Euch als Paar. Über diese musikalische Botschaft freut sich jeder, auch wenn er selbst nicht singen kann.

☐

65. Spiele auf der Gitarre oder auf einem anderen Instrument einen Song, den Dein Schatz besonders gerne mag.

☐

66. Veranstalte ein Singspiel mit Deinem Partner. So kannst Du zum Beispiel eine erste Strophe eines Volksliedes singen, das Du aus Deiner Kindheit kennst. Dein Partner soll die zweite Strophe singen. Wer zuerst den Text vergisst, darf den anderen zu einem kleinen Konzert einladen.

☐

67. Finde heraus, welches Instrument Dein Liebling schon immer einmal spielen wollte. Noch vor der Hochzeit darfst Du ihm einen Musikkurs dazu schenken oder das Instrument einfach als Geschenk kaufen.

☐

68. Veranstalte ein kleines Ratespiel mit Deinem Partner. Versucht darin herauszufiltern, welche Songs in der Kindheit oder im Alter als Teenie Deinem Partner am besten gefallen haben. So lernt Ihr Euch gegenseitig noch besser kennen vor dem großen Tag, an dem Ihr Euch das „Ja-Wort" schenkt.

☐

69. Singe einmal besonders falsch und bringe Deinen Schatz damit zum Lachen. Danach darf er das Gleiche tun. Wichtig ist bei diesem Spiel nicht die musikalische Fähigkeit, sondern den Sinn für den Humor auf eine ganz neue Art und Weise zu entdecken.

☐

Green-Wedding-Pirates-Tipp:

Lachen beflügelt jede Liebe. Lacht um die Wette und schenkt Eurer Beziehung einen ganz neuen Sinn. Dieses Spiel eignet sich hervorragend bei tristen, grauen Tagen, um diesen „etwas Pfeffer“ zu schenken.

70. Höre aktiv zu, was Dein Schatz aktuell für einen Song gerne hört. Danach überraschst Du ihn mit Konzertkarten und begleitest ihn natürlich dabei.

☐

Unsere Lieblingslieder

Kapitel 8

Basteln, Malen und „do it yourself“

– so erobert Ihr neue Sphären!

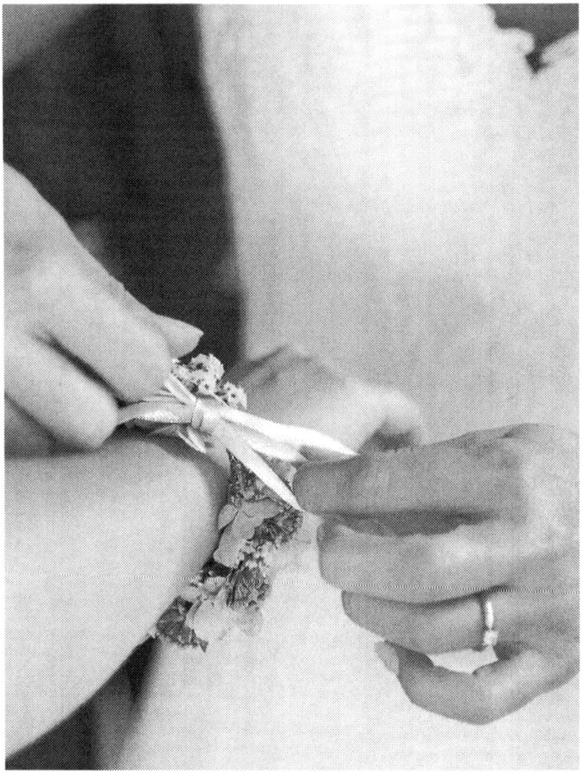

71. Male ein Bild für Deinen Liebling, wo Du mit ihm 5 Jahre nach der Ehe stehen möchtest. Das kann ein Kunstwerk mit einer kleinen Familie oder an einem Strand sein. Hier darfst Du Deiner Phantasie freien Lauf lassen.

☐

72. Kreiere mit Deinem Liebling eine Tonfigur, die Ihr im Anschluss gemeinsam bemalt. Dieses Werk darf die Wohnung natürlich besonders schmücken und muss an einem speziellen Ort stehen.

☐

73. Kennst Du den „Kummerkasten“ in der Schule? Auch Du kannst aus einem altern Schuhkarton das gleiche Kästchen basteln. Jeder darf hier dem anderen seinen Kummer mitteilen, der im Anschluss gemeinsam gelöst wird. Ihr werdet sehen: Das verbindet auf eine ganz liebevolle Art und Weise.

☐

74. Wann hast Du zuletzt etwas für Deinen Liebsten genäht oder gestrickt? Selbstgemacht ist immer noch am besten!

☐

75. Du kannst die Lieblings-Süßigkeiten mit einem Foto von Euch als Paar bekleben. An bestimmten Tagen ist es eine mehr als freundliche Geste, diese Süßigkeit Deinem Schatz zu schenken.

☐

76. Veranstalte eine Schnitzeljagd in der Wohnung, an dem Du bestimmte Sachen versteckst, die Dein Partner besonders gerne mag. Bei dem „Suchspiel" ist es wichtig, dass ihr gemeinsam Spaß habt!

☐

77. Erfinde ein einfaches Bilderrätsel für Deinen Schatz. Du kannst ihm jeden Morgen als kleine Geste diese Aufgabe erteilen, in der Du kleine Liebesbotschaften versteckst. Zum Beispiel darfst Du ein Herz und ein Cocktailglas malen, hinter dem Begriff findest Du das Wort „Liebes-Cocktail". Diesen Cocktail wollt Ihr natürlich am Abend gemeinsam trinken. Im Anschluss darf Dein Liebling einen „Rebus" (Bilderrätsel) Dich malen, den Ihr im Anschluss auslebt. Dieses Spiel macht nicht nur Spaß, sondern intensiviert Eure Liebe.

☐

78. Bestelle ein persönliches Liebes-Shirt im Netz mit einem Foto von Euch.

☐

79. Bastle mit Deinem Schatz eine witzige Figur aus Papier (Tier oder Promi), die zu Eurer Liebe passt.

☐

80. Benutzt Fingerfarben und malt Euch gegenseitig an. Danach dürft ihr bei einem gemeinsamen Bad die Farbe abwaschen und jede Menge lachen!

☐

Meine Bastel Ideen

Kapitel 9

Lesen und Schreiben verbindet Paare

– und sorgt für Diskussionsgrundlage!

81. Lese gemeinsam mit Deinem Partner ein Buch und diskutiert über den Inhalt. ☐

82. Schreibe eine Liebesgeschichte, die nur zu Euch als Paar passt. ☐

Green-Wedding-Pirates-Tipp:
Wenn Ihr beide gerne schreibt, darf jeder ein eigenes Kapitel verfassen. Ziel ist es, sich auf die Phantasie des anderen einzulassen und selbst darauf aufzubauen...Ist das nicht spannend?

83. Finde im Netz Gedichte, die Du für Deinen Liebsten/ Deine Liebste etwas umwandelst. Verstecke diese Liebesbotschaft an einem Ort, an dem Sie Dein Partner eines Tages als Überraschung findet. ☐

84. Schreibe mit Deinem Schatz gemeinsam ein Buch Eurer Erfolge, die Ihr gemeinsam schon erreicht habt. Bei diesem Buch geht es darum, Eure Liebe immer wieder auf einzigartige Weise zu entdecken.

☐

85. Was sind die besten Eigenschaften, die Deinen Liebling auszeichnen? Schreibe ihm diese auf und motiviere ihn an tristen Tagen, das Leben zu genießen.

☐

Green-Wedding-Pirates-Tipp:

Du kannst zum Beispiel auf kleine „Erfolgs-Zettel“ Sätze schreiben wie: „Niemand küsst so genial wie Du!“ Diese Notizen pinnst Du an den Kühlschrank oder an ein Kleidungsstück vom Partner.

86. Schreibe einen persönlichen Liebesbrief. Verschicke diesen ruhig mit der Post an den Arbeitsplatz oder an die Adresse zu Hause, damit die Überraschung ganz besonders gut gelingt. ☐

87. Du wünschst Dir, mit Deinem Liebsten ein paar Frage- und Antwortspiele zu kreieren? Schreibt in ein leeres Buch, was Euch gefällt. Hier kannst Du zum Beispiel eine Frage stellen wie: „Warum liebst Du mich und möchtest mich heiraten?“ Die Antwort dazu schreibt Dir Dein Liebling im Anschluss auf. Dieses Spiel kann gerne mit Humor gesehen werden oder zum Nachdenken animieren. ☐

88. Lest gemeinsam einen Gedichte-Band mit wunderschönen Liebesgedichten von großen Künstlern. Das verbindet ungemein! ☐

Frage & Antwort

Kapitel 10

Durchatmen

– Taucht mit Meditationen, Yoga und Co in neue Welten ein!

89. Hast Du schon gemeinsam eine Meditation mit Deinem Schatz gemacht? Das solltet Ihr vor der Ehe unbedingt ausprobieren!

☐

90. Kennst Du die Figuren wie „der Baum“ beim Yoga? Egal, wie Du zu dieser Entspannung auch stehst: Gemeinsam Yoga zu machen, ist eine Möglichkeit, das Gespür für das Hier und Jetzt zu intensivieren.

☐

91. Thaichi ist nicht nur eine Aktion, die Körper und Seele verbindet. Ihr könnt darin jede Menge herausfinden, was Euer Körpergefühl füreinander stärkt.

☐

92. Im Qigong geht es darum, dass Ihr Euch entspannt und vielleicht das ein oder andere entdeckt, was Eure Liebe besonders stark macht. Es gibt Meditationen, die in Qigong immer wieder stattfinden, in denen Ihr ganz intensiv über Eure Liebe nachdenken könnt.

☐

93. Lerne, im Schneidersitz zu sitzen und führe mit Deinem Schatz gemeinsam bestimmte Atem-Übungen durch.

☐

Green-Wedding-Pirates-Tipp:

Hier könnt Ihr Euch vom Stress des Lebens besonders gut loslösen.

94. Die progressive Muskelentspannung nach Jacobson ist eine moderne und dennoch bewährte Methode, sich zu entspannen. Besucht hierzu gemeinsam einen Kurs.

☐

95. Angeleitete Meditationen dürft Ihr am Abend genießen, während Ihr, Arm in Arm, einschlafen werdet. Das hilft nicht nur in Krisen-Zeiten, sich optimal zu entspannen.

☐

96. Hast Du schon einmal versucht, den anderen zu tragen? Das kann auch zum Spaß-Event werden, bei dem jede Menge gelacht werden darf!

☐

97. Entspannen könnt Ihr hervorragend, indem Ihr Euch gegenseitig eine Traumreise vorlest. Diese findet Ihr im Netz oder dürft sie auch selbst schreiben. Erlaubt ist es hier, mit eigenen Interpretationen für die Liebe zu arbeiten.

☐

98. Ein beruhigender Duft aus Baldrian oder Lavendel kann bei jeder Entspannung helfen. Achtet darauf, dass Ihr bei jeder Methode beim Relaxen eine Kerze anzündet. Ein beruhigender Duft, der für die einzigartige Stimmung sorgt, inspiriert das Gefühl für das Hier und Jetzt.

☐

Notizen
für Entspannungsübungen

Alles, was ihr tut, geschehe in Liebe.

1. KORINTHER 16:14

99. Bereitet Euch mindestens einmal pro Woche ein besonderes Essen gemeinsam zu. Und kreiert dazu einen Cocktail, der zu Euch passt.

☐

Genießt im Anschluss gemeinsam diese Gaumenfreuden. Liebe geht nun einmal durch den Magen. Feiert immer wieder besondere Momente, die Euch als Paar ausmachen!

Gemeinsam in der Küche zu werkeln, ist eine Sache, die jedes Paar verbindet. Hier kann man sich über die Erlebnisse des Tages unterhalten oder gemeinsame Pläne für die Zukunft machen. Dieses Ritual genießen viele Paare schon als Verlobte und laden dabei nicht immer Gäste ein.

Feiert also Euch und Eure Liebe als Paar bei leckeren Genüssen! Guten Appetit!

Kapitel 11

Witzige Events

– die zum Alltag passen und zum Ritual werden!

100. Damit Ihr als verheiratetes Paar niemals den Humor füreinander verliert, solltest Du Deinen Schatz mindestens einmal pro Woche zum Lachen bringen. Der Vorteil einer Ehe besteht darin, dass Du ihn schon sehr gut kennst. Das bedeutet, Du weißt auch, worüber er lacht. Erfinde also Witze oder zeige Deinen Humor, indem Du Alltags-Gewohnheiten mit einen kleinen Zynismus veredelst, der gute Laune macht.

Ein Beispiel: Ziehe Dir Deine nicht sehr sexy wirkende Arbeitskleidung einmal anders an. Zeige Deinem Schatz mit kreativen Ideen, wie lustig der Alltag in der Ehe sein kann.

☐

101. Lese Deinem Partner jeden Tag einen Witz aus der Zeitung vor.

☐

102. Erfinde im Familien-Alltag selbst lustige Dinge, wie Ihr Euch zum Lachen bringt. Das kann zum Beispiel bedeuten, dass Ihr Euch gegenseitig kitzelt oder „Fang mich“ spielt.

Green-Wedding-Pirates-Tipp:
Erlaubt ist, was der ganzen Familie Spaß macht. Denke daran: „Ein Tag ohne Lachen ist ein verlorener Tag.“

☐

103. Neckt Euch auf eine süffisante Art und Weise. Du darfst zum Beispiel eine besondere Frisur kreieren oder Dich witzig schminken und Deinen Schatz damit zum Lachen bringen. ☐

104. Spielt ein Spiel, bei dem das Gewinnen nicht im Vordergrund steht.

Zum Beispiel könnt Ihr eine Person zeichnen, bei der jeder nur ein Körperteil malt, das er auf einem großen Blatt Papier nach hinten faltet, damit es der Andere nicht sieht. Dieses Blatt gibst Du dann weiter an Deinen Liebling. Er ist nun aufgefordert, den Körper und die Arme dazu zu zeichnen. Danach faltet er das Blatt wieder um. Du malst nun die Beine und faltest das Blatt ein letztes mal um.

Dein Gegenüber kreiert als Abschluss die Schuhe dazu. Deckt nun das Werk auf und lacht gemeinsam, welche witzige Figur entstanden ist. Es sind die kleinen Dinge im Leben, die Euch in der Hektik der Zeit zum Schmunzeln bringen.

☐

105. Seht Euch regelmäßig witzige Filme an. Das können auch Videos aus vergangenen Zeiten sein, die Ihr selbst gedreht habt. Erlaubt ist, was Euch guttut.

☐

106. Zeigt Euch gegenseitig Karikaturen, die Ihr in der Zeitung seht und die Euch zum Lachen bringen.

☐

107. Schreibt Euch während des Tages immer wieder lustige Elemente per WhatsApp oder schickt Euch Bilder, die einfach nur eines sind: besonders und komisch. Versucht beide, mindestens einmal pro Tag den anderen mit kleinen Aufmerksamkeiten ein Grinsen aufs Gesicht zu zaubern ☐

108. Lacht gemeinsam um die Wette, indem Ihr vor dem Spiegel Grimassen übt. Das Spiel macht nicht nur Kindern Spaß:

Green-Wedding-Pirates-Tipp:
Bitte achtet bei dieser Übung nicht darauf, ob Ihr attraktiv seid. Es geht nur darum, die Lachmuskeln zu aktivieren. Ach ja: Weißt Du, dass Du mit einem Lachen automatisch jünger und schöner wirkst als mit grimmiger Miene? Zudem aktivierst Du Deine Nerven auf positive Art, dass Du automatisch gute Laune bekommst, wenn sich die Mundwinkel nach oben anheben. Deshalb ist es so wichtig, möglichst oft am Tag miteinander zu lachen! Gemeinsamer Witz macht schön!

☐

109. Spiele, wenn es zur Situation passt, ein lustiges Versteckspiel mit Deinem Partner. Er darf zum Beispiel seine Schuhe suchen, während er Dir etwas anderes versteckt. Dabei geht es aber nicht darum, den anderen wirklich zu ärgern, sondern nur die Freude und den Spaß im Alltag zu teilen.

☐

Green-Wedding-Pirates-Tipp:

Seit einmal als Ehepaar ganz Kind. Das macht Spaß und festigt auch die Beziehung. Humor ist eine elementar wichtig Angelegenheit, die Liebe füreinander zu zeigen.

Witzige Ideen

THIS OR THAT

ALL ABOUT YOU

KINO	NETFLIX
POPCORN	NACHOS
UNO	ACTIVITY
SCHOKO	CHIPS
KÄSE	OLIVEN
ROTWEIN	WEISSWEIN
COLA	SPRITE
FILM	SERIE

Kapitel 12

Erlebnisse

– die die Genüsse des Alltags einfach ausmachen!

110. Kocht gemeinsam in der Küche eine leckere Mahlzeit. Das verbindet nicht nur, sondern hilft auch beim Austausch über den Alltag. ☐

111. Genießt ein Dinner zu zweit in einem edlen Restaurant. Dabei solltet Ihr als Paar im Vordergrund stehen. Gebt also die Kinder ruhig einmal ab, wenn Ihr ein Liebes-Menü der besonderen Art genießen möchtet. ☐

112. Was spricht dagegen, wenn Du Deinen Schatz mit Backkünsten überraschst? Es gibt wunderbare Herzen als Backform, in denen jeder Kuchen gelingt.

Green-Wedding-Pirates-Tipp:
Wenn Du möchtest, darfst Du sogar eine kleine Liebesbotschaft als Verzierung für den Kuchen anbringen. Die Sätze „Du bist mein ein und alles“ oder „Ich liebe Dich“ kannst Du sehr einfach mit Lebensmittelfarbe auf den Kuchen schreiben. Darüber freut sich doch jeder Ehepartner... ☐

113. Schnipple mit Deinen Kindern einen Obstsalat mit den Lieblingsfrüchten von Deinem Liebling. Zeige damit, dass Du den Blick für das besondere Etwas immer wieder aufs Neue beweist. Das hilft die Ehe zu festigen. ☐

114. Verwöhne Deinen Schatz vor allem dann mit kulinarischen Köstlichkeiten, wenn es ihm einmal nicht gut geht. Das heißt nicht nur, dass Du ihm einen Tee ans Bett bringst, wenn er krank ist. Vielmehr kannst Du ihn nach einem anstrengenden Tag mit seinem Lieblings-Essen verwöhnen. Wenn Ihr Kinder habt, darfst Du diese in die Koch-Aktion gerne integrieren. Somit zeigst Du den Kleinen automatisch, dass es Freude macht, sich um den anderen intensiv zu kümmern. Das ist Liebe pur und macht den Alltag in der Familie aus. Schwere Zeiten zu meistern - das schweißt zusammen. Wer hier auf Genuss einen besonderen Schwerpunkt legt, kann auf ganzer Linie nur gewinnen. ☐

115. Gönnt euch einmal ein Dinner aus einem fernen Land, das Ihr gemeinsam bereist habt. Das macht Spaß, schmeckt lecker und weckt ganz besondere Erinnerungen...

☐

116. Nehmt Euch immer wieder Zeit dafür, den Tisch besonders schön zu decken. Ein Dinner mit schönem Kerzenschein, ansprechenden Servietten und in schönem Geschirr serviert, schmeckt einfach doppelt so gut.

☐

117. Findet im Laufe eurer Beziehung heraus, welche kulinarischen Köstlichkeiten es neu auf dem Markt zu finden gibt. Achtet dabei stets auf das Thema Nachhaltigkeit und auf die gesunde Ernährung. Chia Samen, Kurkuma oder Quinoa sowie Naturkräuter wie Lavendel oder Johanniskraut helfen nicht nur, ruhig und gelassen zu bleiben, sondern unterstützen auch die vollwertige Ernährung.

☐

118. Was spricht dagegen, auch bei der Auswahl der Getränke immer wieder auf das besondere Etwas zu achten? Es bleibt spannend...und das sicher nicht nur, wenn es um den Konsum von alkoholischen Drinks geht.

☐

119. Die Schätze, die wir in der Natur finden, sind sehr vielseitig. Genießt bei einem Waldspaziergang das Sammeln von Beeren wie Schlehen oder Holunder. Bereitet daraus einen Saft oder Likör zu. Das hilft nicht nur, sich sinnvoll als Paar im Miteinander zu beschäftigen, sondern ist auch gut und gesund. Natürlichkeit ist Trumpf, wenn es um den wertvollen biologischen Anbau geht.

Green-Wedding-Pirates-Tipp:

In Österreich und Deutschland finden wir viele Naturschätze, die Ihr gemeinsam zu feinen Gerichten verarbeiten dürft. So macht die Küche so richtig Freude! Achtet bitte darauf, dass ihr keine falschen Beeren erntet.

☐

Notizen
für gemeinsame Erlebnisse

Kapitel 13

Wellness pur

– gönnt Euch als Paar die besonderen Momente!

120. Massiert Euch gegenseitig am Abend vor dem Einschlafen. Körperliche Nähe ist im Laufe einer Beziehung oft wichtiger als ein wildes Sex-Leben.

☐

121. Achtet darauf, dass Ihr gemeinsam immer wieder duscht und Euch einseift. Es sind die kleinen Dinge im Alltag, die Eure Liebe auf eine ganz besondere Weise so einzigartig machen. Freut Euch an den kleinen Erlebnissen mit feinen Duschbädern, die Euer Wohlbefinden steigern.

☐

122. Ein Peeling ist zuständig für ein gutes feeling. Rubble Deinen Schatz unter der Dusche oder während dem Bad sanft ab. Bei einem Salzpeeling sorgt Ihr außerdem für reine Haut, die entschlackt und von Giften befreit wird. So macht Körperpflege in der Gemeinsamkeit Spaß.

☐

Green-Wedding-Pirates-Tipp:
Natürlich solltest Du immer den sanften Druck beim Peeling ausüben, der zu Deinem Ehepartner passt. Achtsamkeit in allen Ehejahren sollte stets als Selbstverständlichkeit gelebt werden

123. Was spricht dagegen, mit einer lustigen Ganzkörper-Maske sich in der Badewanne gegenseitig einzuschmieren? Egal, ob Heilerde oder beruhigendes Gel von der Aloe Vera-Pflanze: Im Sinne des Themas Nachhaltigkeit dürft Ihr jede Menge gute Dienste für Euren Körper leisten. Wer dabei noch Spaß hat und viel lacht, hat auf ganzer Linie gewonnen. ☐

124. Kopfmassagen kosten keinen Cent und helfen, Euch gegenseitig auf eine sanfte Art und Weise zu verwöhnen. Dazu gibt es sogar eine Kopfkralle aus Metall (die sog. „Spinne“), die Ihr für diesen Zweck sinnvoll verwenden dürft.

☐

125. Erfreut Euch an einem besonderen Tag (Hochzeits- oder der Tag des Kennenlernens, des ersten Kusses usw.) an einem Saunabesuch und/oder Verwöhn-Tag im Wellness-Hotel. Feiert Euch gerade dann, wenn Ihr schon lange zusammen seid, immer wieder selbst als Paar. ☐

126. Genießt den Alltag am Abend, indem Ihr euch eine gegenseitige Massage der Fußsohlen gönnt. Das ist ein wunderschöner Beweis der Liebe. ☐

127. Was spricht gegen ein lustiges Body-Painting? Bemalt Euch gegenseitig mit abwaschbaren Farben. Habt jede Menge Spaß dabei. ☐

Green-Wedding-Pirates-Tipp:
Bei dieser Aktion machen auch Eure Kinder sicher gerne mit. Egal, wie alt das Paar auch ist: Es darf immer zeigen, dass es noch längst nicht zum alten Eisen gehört. Kindisch sein ist cool.

128. Öl ist Balsam für Haut und Haar. Verwendet es regelmäßig als fein duftendes Massage- oder Haaröl und massiert euch gegenseitig dabei. Inspirierende Düfte dürft ihr Euch dabei selbst in einem Öko-Shop aussuchen (zum Beispiel Ingwer, Mandarine, Lavendel und Co). ☐

129. Erfreut Euch an guter Laune, indem Ihr barfuß über Kieselsteine läuft oder ein Kneipp-Bad (für die Füße) im Sommer nehmt. Wenn die Fußsohlen regelmäßig aktiviert werden, sorgt das nicht nur für ein gesundes Leben, sondern auch für ein kleines Wellness-Highlight. Das ist wichtig für jedes Paar. ☐

Unser Wellnessprogramm

Notizen

Kapitel 14

Do it yourself (DIY)

– bastelt und kreiert die Dinge, die Euch Spaß machen!

130. Malt gemeinsam ein tolles Bild.

☐

Green-Wedding-Pirates-Tipp:
Erlaubt ist, was die Phantasie anregt.

131. Schießt witzige Fotos von euch. Diese dürft Ihr gerne auf Vasen, Stoff-Servietten, Sektflaschen oder Tassen zur Schau stellen. Erfreut Euch im Alltag regelmäßig daran, wenn Ihr euch immer wieder die besonderen Schnappschüsse gemeinsam anseht.

☐

132. Bastelt mit Euren Kindern um die Wette. Wer keine Kinder hat, darf gern mit Bekannten, Nichten oder Neffen besondere Dinge kreieren. Egal, ob ein Weihnachts- oder Geburtstagsgeschenk: Es geht um Eure gemeinsame Aktivität. Über Sterne, Fensterbilder oder selbst bemalte Shirts freut sich jeder!

☐

133. „DIY“ heißt, selbst einen Liebes-Likör oder andere Präsente aus der Küche zuzubereiten. Ein Schlehen-Wasser oder ein Likör aus Kirschen ist eine tolle Sache, die ihr zu einem besonderen Moment Eurer Liebe genießen dürft. Wichtig ist: Werdet als Paar aktiv und bewegt euch beim Beeren-Sammeln sooft es geht an der freien Natur. Das steigert die Vitalität und sorgt für jede Menge gute Laune.

☐

134. Hast Du mit Deinem Schatz schon einmal gemeinsam Steine gesammelt und diese bemalt?

Green-Wedding-Pirates-Tipp:

Selbst bemalte oder beklebte Steine schmücken das Fenster-Brett oder dienen als Deko im Garten.

☐

135. Pflanzt gemeinsam einen Baum, der als Symbol Eurer Liebe dient. Pflückt zum Beispiel Eure „Liebes-Äpfel“ als Paar gemeinsam im Herbst. Esst den ersten Apfel zusammen und erfreut Euch an dem reinen Geschmack. Schon jetzt wünsche ich: guten Appetit!

☐

136. Schreibt Euch jedes Jahr mindestens einmal einen Liebesbrief. Verwendet dabei besonders Papier und einen Füller. So wird der Brief zu einem ganz besonderen Geschenk, das alles andere als mainstream ist.

☐

Green-Wedding-Pirates-Tipp:

In der heutigen Zeit verschwindet er immer öfter: der selbst geschriebene Liebesbrief, der nicht über eine Tastatur getippt wird. Ist das nicht schade?

137. Geht gemeinsam auf eine Kostüm-Party. Im Vorfeld darf jeder das Kostüm für den Partner aus allem aussuchen, was sich im Keller oder in den Kleiderschränken finden lässt.

☐

138. Spart zusammen auf einen Traum, den Ihr Euch bald schon erfüllen werdet. Klebt Euch als Erinnerung dafür ein tolles Bild an den Spiegel im Bad.

☐

139. „Kompromisse sind out“ - setzt immer wieder Euren Willen durch und argumentiert so, wie ihr mit Leidenschaft hinter einer Sache steht. Ein Konflikt gehört zu jeder Beziehung, vor allem dann, wenn danach wieder Versöhnung angesagt ist. Danach dürft Ihr in einem Tagebuch Euch gegenseitige Liebesbotschaften überbringen und kreativ sein.

☐

DIY Ideen

Kapitel 15

Kunst und Kultur

– was macht Eure Liebe besonders stark?

140. Nehmt alles her, mit dem man im Haushalt Musik machen kann. Egal, ob volles Wasserglas, ein Sieb oder die alte Mundharmonika von Opa: Erlaubt ist, was Spaß macht! ☐

141. Besucht gemeinsam eine Ausstellung, die als öffentliche Vernissage gratis ausgeschrieben ist. Das hilft, Kunst und Kultur der Region besser kennenzulernen. ☐

142. Geht zusammen auf ein Konzert, auf dem Ihr die Band nicht kennt. Das ist nicht nur witzig, sondern verfeinert auch den gemeinsamen Geschmack für Kunst, Musik und Kultur. ☐

143. Besucht gemeinsam ein Festival: Sich als Pärchen noch in den besten Jahren im Ausnahmezustand zu sehen (schwitzend, ausgelassen, tanzend und ein wenig „neben der Spur") – das verbindet ungemein. Sorgt gemeinsam für jede Menge gute Laune.

Green-Wedding-Pirates-Tipp:

Wer dabei noch im Alter, in dem er silberne Hochzeit feiern kann, das Zelt zum Schlafen aufschlägt, hat auf ganzer Linie gewonnen! ☐

144. Rockt gemeinsam auf der Tanzfläche, egal wo und wie Ihr dabei ausseht. ☐

145. Singt gemeinsam „Celebration" (Kool & the Gang). Spielt dabei Luftgitarre und macht ein paar Selfies von dieser Aktion. Ihr Könnt es hier einkleben: ☐

147. Pflückt auf einem Feld in der freien Natur Blumen und presst sie im Anschluss in einem Buch. Danach dürft Ihr die selbst getrockneten Pflanzen gerne in einem besonderen Tagebuch einkleben und dazu einen Spruch erfinden.

☐

Green-Wedding-Pirates-Tipp:
Es kommt bei diesem Spiel darauf an, sich immer an den gemeinsam erlebten Moment zu erinnern.

148. Gießt selbst Kerzen und beschriftet bzw. beklebt sie nach Lust und Laune. Danach dürft ihr dieses zu einem „besonderen Moment“ (bei einem Konflikt oder nach einer heißen Nacht) als Symbol der Liebe anzünden.

☐

149. Strickt oder häkelt gemeinsam Socken oder ein Stofftier. Hier zählt: Der Weg ist das Ziel. Perfektionismus ist out – Kreativität dagegen Trumpf!

☐

Notizen
zu Kunst & Kultur

Kapitel 16

Lust und Leidenschaft

– zeigt wie sehr Euch dies eine Herzensangelegenheit ist!

Leidenschaftliche Ideen

Kapitel 17

Besonderheiten im Alltag

– die mit Reisen und Ausflügen zu tun haben!

160. Verbringt gemeinsam eine Nacht in einer Location, die Ihr im Normalfall nicht auswählen würdet. Das kann zum Beispiel eine Luxus-Suite in New York oder Las Vegas sein oder ein Zelt, das ihr im Wald aufstellt. Gönnt euch als Paar das „besondere Etwas"

☐

161. Unternehmt eine Wanderung im Schnee, auch wenn das Wetter nicht ideal ist. Wer dabei eine Schneeballschlacht unternimmt und jede Menge lacht, kann auf ganzer Linie siegen!

☐

162. Unternehmt einen Tripp mit dem Rucksack und schlaft in preiswerten Herbergen, obwohl Ihr im Normalfall mit dem Auto reist und und in Pensionen oder Hotels übernachtet. Wichtig ist, einmal etwas völlig anderes auszuprobieren und den Blick für das Schöne bei diesem Erlebnis zu finden.

☐

Green-Wedding-Pirates-Tipp:

Sage nicht: „Ich will nicht als erwachsene Person dumm angesehen werden, wenn ich „Low Budget“ übernachte“. Denke Dir stattdessen: „Cool, so lerne ich jede Menge neue Dinge und kann ggf. meine Kinder besser verstehen als bisher“. Lamentiere nicht, warum etwas nicht geht, sondern überwinde Dich ab und an zu Events, die Du einfach einmal ausprobieren musst! Wie heißt es so schön? „Aus Erfahrung wird man klug!“

163. Gehe nackt in der Nacht in einem See baden. Das festigt nicht nur den Sinn für die Gemeinschaft, sondern macht in jedem Alter Spaß! ☐

164. Fahrt in ein Land, in dem ihr beide die Sprache nicht kennt. Wer etwas Zeit mitbringt und Mut hat, lernt gemeinsam in einer Sprachschule, wie Land und Leute ticken. Das bildet und macht jede Menge Freude! ☐

165. Fahrt gemeinsam auf einem Tandem zu einem Picknick.

☐

Green-Wedding-Pirates-Tipp:

Wechselt hierbei ruhig immer wieder die Rollen. Jeder darf einmal den Lenker ergreifen oder etwas kräftiger in die Pedale treten. Damit intensiviert Ihr das Gefühl für das Miteinander.

166. Reist zu einem Klassentreffen gemeinsam an, auch wenn ein Partner nicht dazu eingeladen ist. Er darf, während der Andere alte Kameraden trifft, alleine Sightseeing betreiben. Am nächsten Tag erklärt er dem Partner, was er alles entdeckt und recherchiert hat und zeigt ihm natürlich die Highlights live!

☐

167. Wandert auf eine Alm, auf der Ihr Arm in Arm einschlafen könnt. Genießt es dabei, gemeinsam in einem Schlafsack zu kuscheln. Wenn es zu Euch als Paar passt, dürft Ihr Euch gern einmal in völlig neuartigen Dingen verlieren: Melkt eine Kuh, jagt einen Dackel oder kümmert Euch um kleine Kätzchen. Erlaubt ist, was Euch verbindet und Nähe schenkt.

☐

168. Wagt einen Fallschirm - oder Tandemsprung mit dem Drachen.

Green-Wedding-Pirates-Tipp:

Geht ruhig ein Risiko ein. Wer gemeinsam Ängste überwindet, wird doppelt so stark. Im Laufe einer Beziehung entwickeln sich dabei ungeahnte Potentiale, die nur von Euch entdeckt werden möchten.

☐

169. Geht Hand in Hand auf ein Volksfest in einer anderen Stadt. Zeigt Eure Liebe offenkundig. Tanzt wild umher, egal, ob Euch Leute kennen oder nicht. Wer völlig ohne Hemmungen Ausflüge unternimmt und sich auspowert, wird unvergessliche Erlebnisse in sich aufsaugen.

☐

Unser nächstes Abenteuer

Kapitel 18

Natur verbindet

– Dinge, die Ihr genießen müsst!

170. Pflanzt den Garten gemeinsam an. Sage Deinem Schatz dabei Sätze wie: „Wenn die ersten Blumen blühen, dann lade ich Dich zu einem Dinner ein." Wichtig ist, dass der gemeinsam gelebte Augenblick mehr als alles andere zählt.

☐

171. Laufe mit Zehen-Sandalen oder Barfuß durch den Schnee – natürlich mit Deinem Schatz gemeinsam. Das belebt nicht nur die Sinne, sondern hilft auch dabei, die Natur einmal etwas anders kennenzulernen.

☐

172. Sammle für Deinen Partner/Deine Partnerin Blütenblätter im Frühling. Lege ihm damit ein Herz aus und zeige ihm, völlig überraschend, Deine Liebe somit auf besondere Art und Weise.

☐

Green-Wedding-Pirates-Tipp:
Gerne kannst Du auch andere Naturschätze wie Kastanien im Herbst oder kleine Steinchen mit Teelichtern dafür verwenden. Alle Naturschätze bringen ganz besondere Momente mit, die Ihr teilen könnt. Das sind Erinnerungen, die im Gedächtnis bleiben.

173. Warte nicht bis zum Hochzeitstag, damit Du Deinem Liebling eine Überraschung schenkst. Verbinde ihm zum Beispiel die Augen und führe ihn durch den Schnee, um ihm einen Schneemann zu zeigen, der eine Liebesbotschaft im Hut trägt. Zeige, dass Du Dir Gedanken darüber machst, an welchen Dingen der Partner Freude hat. ☐

174. Tollt im Herbstlaub und werft damit wild um Euch. Lasst Euch als Paar inspirieren von den bunten Farben, die das wunderschöne Laub der Bäume von Ende August bis November den Menschen schenkt. Das ist besser, als zum Jahresende über die Arbeit zu klagen, die der Garten nun einmal mit sich bringt.

☐

175. Fahrt einmal mit einem Fahrzeug in der Wildnis umher, das Ihr beide noch nicht kennt. Egal, ob Tandem, Einrad (Dein Partner/Deine Partnerin reicht Dir beim Üben die Hand, damit Du nicht stürzt) oder Quad: Wagt verrückte Dinge, die Ihr outdoor genießen dürft.

☐

176. Tollt mit einem Hund im Garten herum, der Euch nicht gehört.

Green-Wedding-Pirates-Tipp:

Tiere begeistern auch als kleine „Leihgabe“ immer wieder Menschen, die sich selbst kein Haustier zulegen möchten. Auch ein Pflege-Hase, den Ihr im Stall bei den Nachbarn füttert, kann Euch dazu ermutigen, gemeinsame Stunden im Freien zu verbringen.

☐

177. Sät Samen aus, die Ihr gemeinsam wachsen seht. Egal, ob Tomatenstauden oder Kresse bzw. Kräuter im Garten: Sich gemeinsam um eine Sache in der freien Natur zu kümmern, macht den meisten Leuten großen Spaß.

☐

178. Wagt mit einem Regenschirm gemeinsam einen Walk. Kuschelt Euch unter dem Schirm eng zusammen und seid stolz auf Euch, dass Ihr für den Genuss in der Natur keinen Sonnenschein braucht. Ist das nicht das, was genau Euch als Paar auszeichnet?

☐

Natur erleben

Kapitel 19

Gemeinsam fit

– mit Sport, Bewegung und gemeinsamen Aktionen bis zum Lebensende stark!

180. Lacht während einer Radtour, bis Euch die Puste ausgeht. Fordert euch bei dem Sport heraus, der Euch in der Gemeinsamkeit Spaß macht.

☐

Green-Wedding-Pirates-Tipp:

Die Verkehrssicherheit steht natürlich immer an erster Stelle.

181. Magst Du Pilates oder Karate? Probiert gemeinsam einen neuen Sport aus, der Euch zu Beginn völlig fremd vorkommt. Bewegt Euch so, wie es Euch gefällt. Steigert die Konzentration und den Aufbau der Muskeln.

☐

182. Tobt wild mit Kindern im Garten umher. Es müssen sicher nicht die eigenen Kinder sein, damit Ihr bei gemeinsamen Bewegungen jede Menge Energie tankt.

☐

Green-Wedding-Pirates-Tipp:

Warum sind die Kids ein Gewinn für jede Sportart? Die Kleinen sind oft ungehemmt und können nach Herzenslust sporteln. Das hilft auch jedem eingefleischten Ehepaar, sich so richtig auszupowern. Pfeift auf das, was andere über Euch denken!

183. Führt im Team ein Training mit Hanteln durch und messt nicht nur Eure Kräfte dabei. Wichtig ist: Wer um die Wette beim Workout lacht, wird als Sieger bei jeder Sportart hervorgehen. Freude und Spaß sind wichtiger bei dieser Aktion als Kalorien zu verbrennen und Muskel aufzubauen. ☐

184. Seid stolz auf Euch, indem Ihr den anderen im Bett liegend so kitzelt, das es fast schon als Sportart durchgehen wird. Lacht so intensiv, bis die Bauchmuskeln schmerzen. Ist das nicht das, was Eure Ehe ausmacht? Wer lacht und sich bewegt, wird auf ganzer Linie siegen! Schon jetzt wünsche ich: Viel Spaß dabei! ☐

185. Erfreut Euch daran, dass Ihr gemeinsam einen Tauchgang im Meer unternehmt. Beobachtet dabei Korallen, Fische und die Unterwasserwelt, die in unvergesslicher Erinnerung bleibt.

☐

186. Boxt gegeneinander auf eine süffisante Art und Weise auf dem Balkon oder im Wohnzimmer. Hier geht es sicher nicht darum, wer den Kampf gewinnt. Wichtig ist, dass Ihr Reaktion zeigt und auf den anderen Rücksicht nimmt. Das stärkt die Motorik und die Achtsamkeit gegenüber dem Schatz.

☐

Green-Wedding-Pirates-Tipp:
Gerne dürft Ihr Boxhandschuhe gemeinsam kaufen und jeder sollte dabei seine eigene Meinung spielen lassen. Das verbindet und fördert die Bereitschaft zur Diskussion.

187. Hebt Euch gegenseitig immer wieder im Alltag vom Boden in die Luft. Wirbelt in einer Kissenschlacht wild umher, die Euch so richtig auspowert. Erlaubt ist, was Spaß macht und die Muskeln aktiviert. Dabei geht es auch um Lachmuskeln im Gesicht, Bauch und Po. Ist diese Idee nicht besser als jeder Workout im Fitness-Studio?

☐

188. Spielt gemeinsam Tischtennis. Versucht dabei einmal, den Ball mit dem offenen Mund zu fangen. Wer geht bei dieser Übung als großer Sieger hervor?

☐

189. Spielt Badminton und zeigt im eigenen Garten, dass Ihr in der Lage dazu seid, aus dem Wäscheseil zwischen den Bäumen ein Netz zu spannen. Das sind die Dinge, die Euer Eheleben kreativ machen.

☐

Green-Wedding-Pirates-Tipp:

Manchmal tut es auch „einfache Federballschläger“ aus der „guten alten Zeit,“ um witzige Momente beim Sport zu erleben.

Sport Ideen

Kapitel 20

Rätsel und Spiele

– beflügeln den Alltag!

190. Spielt täglich Verstecken, ohne dass Ihr es vorher absprecht. Versteckt Gegenstände oder euch selbst. Erlaubt ist das Spiel, das Eurer Ehe guttut.

☐

191. Löst gemeinsam ein Bilder- oder Kreuzworträtsel. Alles, was witzig ist und die kreativen Sinne weckt, ist herzlich Willkommen.

☐

192. Kreiert ein Rätsel, das der andere lösen muss, damit er am Abend eine kleine Belohnung von Euch erhält.

Green-Wedding-Pirates-Tipp:

Überrasche den Liebling mit einem selbst entworfenen Rätsel, das Du per Chat oder Mail verschickst. Natürlich muss diese Art von Event zum jeweiligen Anlass passen.

☐

193. Entdeckt Euer Lieblingsspiel zu zweit, das Ihr mindestens einmal pro Woche auch aktiv spielt. Egal, ob Backgammon, Schach, Mühle, Stadt- Land- Fluss oder Halma: Alt bewährte Brettspiele gibt es an jedem Ort der Welt. Spielt um die Wette und steigert dabei den Sinn für die Gemeinschaft.

☐

194. Spielt „Fang den Hut“ oder „Charade“ mit den Kindern, auch wenn Euch das vielleicht als albern erscheinen mag. Kinder lieben Spiele-Abende, wenn die Eltern sich aktiv daran beteiligen. Hier gilt: Verbot von Smartphone und Internet.

☐

195. Wann habt Ihr als Paar zuletzt mit Freunden gespielt? Ganz im Sinne von der Pandemie Corona liegt es mehr als im Trend der Zeit, auch ohne Bars, Kino oder Konzerte die Freizeit sinnvoll zu verbringen. Spiele-Abende machen nicht nur Spaß, sondern fördern den Sinn für die Liebe. Wer hierbei Freunde mit integriert, kann ungeahnte, neue Lachmomente miteinander teilen.

☐

196. Entwerft ein kleines Rätsel über Eure Beziehung. Hier können Fragen entstehen wie „Welcher ist mein Lieblings-Lippenstift seit ein paar Monaten?“ oder „Welcher Fußball-Star ist derzeit mein Favorit in meiner Lieblings-Mannschaft?“ ☐

Green-Wedding-Pirates-Tipp:
Wichtig ist bei diesem Spiel, dem anderen keine Vorwürfe zu machen, wenn er nicht sofort die passende Antwort parat hat. Es geht bei diesem Rätsel darum, den Partner noch besser kennenzulernen. Achtsam- und Wachsamkeit – diese Worte sind für jede Beziehung wichtig!

197. Führt ein Rätsel-Raten durch, bei dem Sieger gekürt werden. Der Gewinner darf sich als Belohnung vom anderen lästige Arbeiten abnehmen lassen. Zum Beispiel das Putzen der Schuhe oder Staubsaugen können hierbei vom Verlierer im Sinne des Alltags erledigt werden. ☐

198. Spielt gemeinsam mit bei einem Wissens-Quiz, das im TV gesendet wird. Bei dieser Übung geht es darum, sich aktiv im Fernsehen zu beteiligen und sich nicht nur „vor der Glotze“ berieseln zu lassen. So macht es Spaß, neues Wissen zu sammeln.

☐

199. Spiele witzige Spiele wie „Ich sehe was was Du nicht siehst“ oder ratet gemeinsam um die Wette, welches Essen Euch in der Kindheit am besten geschmeckt hat. Welche Lieblingsfarbe hattet Ihr im Alter von 4 oder 9 Jahren? Erfindet kleine Rätsel, bei denen es nicht wichtig ist, wie die Lösung aussieht. Erlaubt ist, was Spaß macht und kreative Geister zum Leben erweckt.

☐

Green-Wedding-Pirates-Tipp:
Spiele bereichern jeden Alltag. Hört auf, Euch zu langweilen. Das meiste liegt an jedem Paar, wie sinnvoll es seine Zeit verbringt.

Spiel & Spaß

Kapitel 21

Bonus-Tipp

– für eine erfüllte Beziehung!

200. Gähnende Langeweile im Sexualleben oder im Alltag? Tauscht euch in regelmäßigen „Beziehungsmeetings“ mindestens einmal pro Monat über die Dinge aus, die Euer Leben verbessern können. Darum geht es nicht um „richtig oder falsch“, sondern dass jede Meinung ihren Raum einnehmen sollte. Hört auf zu Jammern. Sucht nach Lösungen, die beiden gefallen. Nur die offene Kommunikation macht eine erfüllte Beziehung aus – und das, solange bis der Tod Euch scheidet. Eine offene Kommunikations-Kultur – das hat jedes Paar selbst in der Hand.

☐

Green-Wedding-Pirates-Tipp:
Es ist wichtig, nicht nur „zwischen Tür und Angel“ miteinander zu sprechen. Auch, wenn es Euch etwas albern oder als übertrieben erscheinen mag: Ein „Joure Fixe“ unter Pärchen ist das, was Therapeuten oder Coaches in Partner-Seminare immer wieder empfehlen.

Fazit

In dieser Übersicht mit den 200 Ideen siehst Du: Es lohnt sich, jeden Tag aufs Neue an die Liebe zu glauben. Sicher fallen Euch noch neue Tipps ein, die hier noch gar nicht aufgelistet sind.

Denkt an das, was Ihr habt und nicht an die Dinge, die Euch fehlen. Seid dankbar und glücklich über Eure Liebe. Diese ist sicherlich nicht selbstverständlich.

Probiert mindestens einmal pro Woche eine Sache aus, die Ihr noch nicht kennt. Wichtig ist, dass Ihr eines erkennt: Mit der nötigen Portion von Witz erreicht man meist mehr im Leben als mit Verbissenheit und Perfektionismus. In diesem Sinne wünsche ich Euch: Viele kreative, schöne Stunden.

Glaubt an Euch und Eure Liebe! Betrachtet sie als Geschenk, denn nichts auf der Welt ist so besonders als die Liebe. Wenn Mann und Frau sich in Ihrem Herzen finden, kann das jeden Tag des Lebens gefeiert werden – gerade dann, wenn das „Ja-Wort“ erst in Zukunft gesprochen wird.

Freut Euch gemeinsam auf neue Erlebnisse, indem Ihr jetzt schon, sooft es geht, Eure Partnerschaft feiert!

„Wir können keine großen Dinge vollbringen – nur kleine, aber die mit großer Liebe.“

- Weisheit von Mutter Teresa -

Zum Abschluss haben wir Dir noch alles rund um die Green Wedding Pirates verlinkt, damit du auch uns noch besser kennenlernen kannst.

Wir freuen uns sehr wenn Dich dieser Ratgeber unterstützt hat und würden uns auch über Deine positive Rezession sehr freuen. Solltest du Anregungen, Verbesserungsvorschläge haben oder einfach nur gerne mit uns in Kontakt treten wollen dann schreib uns doch einfach ein Mail an: office@greenweddingpirates.at

Pinterest: pinterest.at/greenweddingpirates/

Instagram: instagram.com/greenweddingpirates/

Blog: greenweddingpirates.at/

Über uns: greenweddingpirates.at/thepirates/

Weitere Bücher die Euch vielleicht interessieren könnten:

„Sprichst du Hochzeit?“

50 Begriffe rund ums Heiraten

„Plötzlich Trauzeugin“
Der Trauzeuginnen Ratgeber

„Brautgeflüster“
Hochzeitsplaner & Ratgeber

Hochzeits-Doppelband
Hochzeitsplaner & Ratgeber

Haftungsausschluss

Die ultimative Bucket List für Paare

200 Dinge, die ein Paar zusammen erlebt haben muss

Das 2-in-1 Buch

ISBN: 9798598668993

1. Auflage

Kontakt: Michaela KIENLE, Possingergasse 59-61,
AT-1160 Wien

Printed in Poland
by Amazon Fulfillment
Poland Sp. z o.o., Wrocław

70468926R00092